Ninfas

Giorgio Agamben

Ninfas

Tradução:
Renato Ambrosio

coleção bienal

© 2007 by Giorgio Agamben
Título original: Ninfe (Bollati Boringhieri, 2007)
Ute Körner Literary Agent, S.L. Barcelona — www.uklitag.com
Agnese Incisa Agenzia Letteraria, Turim.
© Desta edição, 2012, Fundação Bienal / Hedra

Dados Internacionais de Catalogação na Publicação (CIP)

Agamben, Giorgio
Ninfas / Giorgio Agamben; tradução Renato Ambrosio. — São Paulo: Hedra, 2012. — (Coleção Bienal) 78 p.

Título original: Ninfe

ISBN 978-85-7715-293-3

1. Crítica de arte 2. Estética moderna 3. Heidegger, Martin, 1889–1976 — Estética moderna 4. Ninfas (Divindades gregas) na arte I. Título. II. Série.

12-11025   CDD 111.85

Índices para catálogo sistemático:
1. Estética: Agamben: Filosofia   111.85

Foi feito o depósito legal.

Direitos reservados em língua portuguesa
somente para o Brasil.

Editora Hedra
R. Fradique Coutinho · 1139 (subsolo)
05416-011 · São Paulo · SP · Brasil
+55 11 3097 8304
editora@hedra.com.br · www.hedra.com.br

Fundação Bienal de São Paulo
Av. Pedro Álvares Cabral, s/n.
Parque Ibirapuera · portão 3
04094-000 · São Paulo · SP · Brasil
+55 11 5576 7600
www.bienal.org.br

Sumário

7 Apresentação

15 Ninfas

19 1.

23 2.

27 3.

31 4.

35 5.

39 6.

45 7.

49 8.

55 9.

59 10.

Apresentação
Luis Pérez-Oramas

Com a intenção de compartilhar algumas das leituras e referências teóricas que embasaram o pensamento curatorial da 30ª Bienal de São Paulo — *A iminência das poéticas*, compilamos esta coleção de livros de pequeno formato que reúne textos fundamentais para a curadoria e até agora inéditos em língua portuguesa.

A coleção complementa o catálogo da exposição e é constituída pelos seguintes títulos: *Amores e outras imagens*, de Filóstrato, o Velho; *Os vínculos*, de Giordano Bruno; o primeiro tratado dedicado a Frontão, que abre a *Réthorique spéculative*, de Pascal Quignard; *Ninfas*, de Giorgio Agamben; *A arte de birlibirloque* e *A decadência do analfabetismo*, de José Bergamín.

Para a curadoria, falar (as) imagens foi um *leitmotiv* sobre o qual elaboramos nosso projeto educativo — chamando-o, inclusive, entre nós, de "projeto Filóstrato". A publicação do livro do autor da segunda sofística, com suas 65 imagens descritas, impunha-se a nós por si mesma. Rosangela Amato aceitou generosamente traduzir do original em grego uma seleção desses quadros, sobre os quais filólogos e pensadores ainda discutem se existiram ou se foram simplesmente o pretexto

ideal para a invenção de um novo gênero literário.
Em todo caso, é uma certeza factual que as imagens
são mudas, que aqueles que se dedicam a produzi-
-las fazem — como proclamava Poussin — ofício de
coisas mudas. Mas o fato de que elas não cessam
de produzir glosas e palavras, textos e polêmicas,
de que também sejam objeto de um incessante mister
de descrições, no qual chegam a ser o que estão
destinadas a ser para nós, confirma a complexa
relação entre o verbo e a imagem.

Essa relação, essa equação nunca estável,
esse eco de Narciso que não ouve a reverberante
palavra da ninfa Eco regula todo o sistema do
figurável em nossa cultura. Ela mesma, a possibilidade de um nicho na imagem para o verbo ou de um
lugar na palavra para a imagem, é uma potência de
vínculo: e são os vínculos a matéria constituinte
da 30ª Bienal.

Os vínculos, na medida em que oferecem uma
possibilidade para a analogia — que não se refere
somente à semelhança, mas sobretudo à diferen-
ciação —, estiveram no coração de nossas motiva-
ções na medida em que nos propusemos a realizar
uma "bienal constelar". A relativa flexibilidade
desses vínculos, a possibilidade de um exercício analógico sem fim é uma das convicções de *A
iminência das poéticas*. Poder-se-ia dizer que a
iminência das poéticas não é outra coisa senão
esse exercício, esse devir analógico das coisas,
dos figuráveis e do dizível. "Nenhum vínculo é
eterno", diz Giordano Bruno em seu tratado, "mas
há vicissitudes de reclusão e liberdade, de vínculo e de liberação do vínculo, ou mais ainda, da
passagem de uma espécie de vínculo a outra".

Como não perceber em nosso exercício curatorial, então, quando propomos esse retorno ao
pensamento analógico, que a figura de Aby Warburg,

cuja obra final, o *Atlas Mnemosyne*, constitui uma das mais brilhantes manifestações modernas? A evocação da Ninfa de Warburg na brilhante reflexão de Agamben se justifica como um frontispício teórico de nossa Bienal.

A curadoria da 30ª Bienal estrutura-se sobre algumas convicções lógicas para adentrar o terreno nada lógico das artes: uma delas é que, como Ferdinand Saussure demonstrou para a linguagem, as obras de arte somente significam na medida em que marcam uma diferença e uma distância com relação a outras obras de arte. É no registro da possibilidade permanente de assemelhar-se e diferenciar-se que as obras de arte nos atingem, se fazem em nós e significam conosco e ali encarnam como sobrevivência e alterforma de outras formas.

Dessa certeza estrutural procede, talvez, hoje — quando os artistas retomam a equivalência humanística do *Ut pictura poesis* [assim como a pintura, a poesia] por meio de práticas conceituais centradas na primazia da linguagem —, a crescente presença de obras que se manifestam como arquivo e atlas. A segunda certeza da curadoria é que as obras de arte, e a própria curadoria, são atos de enunciação, apropriações de linguagem que encarnam em um aqui e agora e em um corpo: que são corpos, inclusive, quando apostam no mito de sua desmaterialização.

Nesse sentido, elas são, como a curadoria, o equivalente a uma voz. Para além de seu destino escritural — Pascal Quignard recorda-nos dois momentos traumáticos na questão da voz: o da "mudança vocal", quando a infância perde sua voz aguda e ganha gravidade terrena; e o da escritura, quando o barulho surdo do estilete sobre o papel anula, em seu corte silencioso, a vida da voz: quando escrevo, calo.

Desses problemas, deduz-se a importância dos textos de Quignard e Bergamín. Textos radicais e talvez estranhos para a sensibilidade contemporânea, habituada às simplificações de um meio atormentado por transações políticas e mercadológicas. A curadoria compartilha a certeza de Bergamín de que a cultura morre quando é totalmente submetida à imposição da letra inerte, quando se desvanece em nós a voz analfabeta que jaz desde a mais incerta origem. Também proclama, mesmo em suas cifras menos legíveis, a necessidade de uma inteligência do *birlibirloque* — curadoria como pensamento selvagem, como inteligência da bricolagem, para evocar Lévi-Strauss —, que se realiza no instante da ocasião e ante a concreção das coisas que resistem com seu impulso de morte, como o touro quando investe contra a metáfora vermelha do toureiro. Finalmente, se falar (as) imagens é um exercício sempre inconcluso, a razão talvez esteja na densidade natural do mundo e na resistência antifilosófica da voz: Frontão envia uma carta a Marco Aurélio na véspera de seu primeiro discurso diante do senado de Roma, no belo texto de Quignard. Não confunda nunca — repreende-o — a linguagem com seu voo.

Se quisemos algo em *A iminência das poéticas*, foi tentar seguir ao pé da letra o programa contido em um fragmento de Frontão: não nos identificarmos com a linguagem em flor (os sistemas), nem com a linguagem silvestre (vernácula), mas com a linguagem *in germine* (germinativa), com a linguagem enquanto está vindo, enquanto é, ainda, iminente.

Os textos mais antigos, de Filóstrato e Giordano Bruno, poderiam então funcionar como a referência histórica e teórica da coleção: textos de enorme influência e grande reputação intelec-

tual, hoje confinados ao esquecimento do grande
público leitor. Esses dois livros são testemunho
de um mistério: assim como os mitos, cuja origem
é impossível discernir na variedade de suas con-
figurações, não deixam de produzir efeitos reais,
igualmente, a cultura ocidental da imagem, e sua
relação com a voz e com o pensamento, continua sob
a influência desses dois textos capitais.

Pode-se dizer que Filóstrato, o Velho, inau-
gura com seus *Eikones* [Imagens] uma das formas
poéticas mais frequentadas de nossa cultura: a da
descrição verbal de imagens puramente figurativas.
Essa forma, conhecida como écfrase, deu lugar em
nossa cultura a uma possibilidade de materializa-
ção e transmissão para a equação insolúvel entre o
visível e o legível, entre o visual e o verbal,
em meio à qual não podemos deixar de viver. O
que o livro de Filóstrato gerou, e ainda sugere,
além de uma incomensurável quantidade de cenas
de representação, desde os pintores e gravadores
da Antiguidade até Musorgsky e Sokurov, é a impossibilidade de distinguir qualquer antecedência
entre imagens e palavras. Toda palavra tem por
iminência uma imagem, à qual serve como fundação;
toda imagem tem por iminência uma palavra, que lhe
serve como ressonância.

Quanto a Giordano Bruno, filósofo esquecido
mas não menos fundamental, foi Robert Klein que,
no século passado, e entre os que renovaram o
destino da história da arte como disciplina in-
telectual, mais claramente expôs o papel-chave de
Os vínculos no espaço da cultura visual moderna:
"O humanismo havia posto o problema das relações
entre a ideia e a forma que a expressa na retórica, na lógica, na poesia, nas artes visuais;
havia se esforçado em unir o quê e o como, em encontrar para a beleza da forma uma justificativa

mais profunda que a necessidade de aparência".
Mas, por mais que tenha avançado, nunca negou
que, em todos esses campos, "o que se diz" deve
existir anteriormente à expressão. Daí que, de um
ponto de vista muito simplificado, o humanismo se
conclui nas ciências quando o método de pesquisa
se torna fecundo por si mesmo, e na arte quando
a execução, a *maniera*, se transforma em um valor
autônomo. Quando, em 1600, a consciência artística havia chegado a esse ponto, não encontrava
nenhuma teoria da arte que pudesse dar conta dela.
Não restava mais que a antiga magia natural, ou
seja, uma estética geral que ignorava a si mesma e
que Giordano Bruno se precipitou em desenvolver no
magnífico esboço que intitulou *Os vínculos*.

Bem iniciada esta segunda década do século
XXI, ainda vivemos sob a égide estética dessa
cultura da fascinação: não parece afirmar outra
coisa nossa civilização numérica de relacionamento
digital, com a ilusão de comunidade que se esconde
por trás das "redes sociais" e que não faz mais
do que gerar uma modalidade de exibicionismo tão
furtivo quanto persistente. Dessa forma, pareceria que nossa relação de fascinação com o mundo é
cada vez mais dependente de uma mediação escritural, codificada, metaletrada. Os ensaios de José
Bergamín, já clássicos, dedicados a reivindicar
a viva voz contra a letra morta, denunciando a
decadência do analfabetismo e defendendo a necessidade de uma cultura da voz, assim como seu tratado sobre a tauromaquia, arte de *birlibirloque*,
representam um manifesto a favor da sobrevivência
da natureza, contra o esquecimento da infância e
da experiência. Meditações gerais dissimuladas
em seu circunstancial objeto textual, ambos os
ensaios, além de serem peças supremas da litera-

tura espanhola moderna, são de uma surpreendente
atualidade e pertinência.

Do grande filósofo Giorgio Agamben, autor de
Infância e história, ensaio que aborda o moderno
esquecimento da experiência, apresentamos um dos
ensaios mais recentes intitulado *Ninfas*. Central
no pensamento da 30ª Bienal, a figura de Aby Warburg e seu *Atlas Mnemosyne* também o é nesse ensaio
de Agamben, que parte da visão da prancha 46 da
referida obra, ineludível para o pensamento atual
da arte. A Ninfa clássica, pretexto e objeto, em
Warburg, de uma obsessiva reflexão sobre a imagem
e a fórmula do *páthos*, é aqui objeto de análise
e pensamento como figura tutelar da "vida após a
vida" [*nachleben*] das imagens: encarnação emblemática da sobrevivência e alterforma que dá lugar
à continuidade do visível em nossa cultura.

Finalmente, o primeiro tratado da *Réthorique
spéculative*, de Pascal Quignard — dedicado a Marco
Cornélio Frontão, retórico esquecido entre as ruínas e os fragmentos da Roma clássica, tutor do
imperador Marco Aurélio —, transforma-se no pretexto de um dos ensaios mais belos e brilhantes da
literatura francesa contemporânea: unem-se nessa
escrita fulminante e suave, rebuscada e precisa,
as reflexões centrais da 30ª Bienal: a primazia
da voz sobre a letra, o impulso antifilosófico da
imagem, a novidade do arcaico que jaz no fundo de
nosso alento, a entonação e a afasia, a fascinação
e a metamorfose, a nudez da linguagem e a cena
invisível da origem.

Tradução: *Gênese de Andrade*

Ninfas

É verdade que são todas mulheres, mas não mijam.
Boccaccio

1.

Nos primeiros meses de 2003 era possível visitar, no Getty Museum de Los Angeles, *Passions*, exposição de vídeos de Bill Viola. Durante uma estada de estudos no Getty Research Institute, Viola trabalhara sobre o tema da expressão das paixões, que tinha sido codificado no século XVII por Charles Le Brun e retomado depois no século XIX, em bases científico-experimentais, por Duchenne de Boulogne e por Darwin. O resultado desse período de estudos foram os vídeos expostos na mostra. À primeira vista, as imagens sobre a tela pareciam imóveis, mas, depois de alguns segundos, elas começavam, quase imperceptivelmente, a se tornar animadas. O espectador percebia então que, na verdade, elas tinham estado o tempo todo em movimento e que somente a extrema lentidão, dilatando o movimento, as fazia parecer imóveis. Isso explica as impressões, simultâneas, de familiaridade e estranhamento que as imagens suscitavam. Era como se, entrando nas salas de um museu onde estavam expostas as telas de antigos mestres, estas começassem miraculosamente a se mover.

    Nesse ponto, se tivesse alguma familiaridade com a história da arte, o espectador reconhecia a *Pietà* de Masolino nas três figuras extenuadas de *Emergence*; a *Coroação de Espinhos* (ou o *Cristo zombado*) de Bosch no quinteto atônito dos *Astonished*; no casal em prantos da *Mater Dolorosa*, o díptico atribuído a Dieric Botus na National Gallery de Londres. Sempre decisiva para esses reconhecimentos, porém, não era tanto a mudança para roupas modernas, mas o movimento impresso no tema iconográfico. Sob os olhos incrédulos do espectador, o *musée imaginaire* [museu imaginário] se tornava *musée cinématographique* [museu cinematográfico].

Enquanto o evento que eles apresentam pode durar até cerca de vinte minutos, esses vídeos exigem uma atenção à qual não estamos mais habituados. Se, como Benjamin mostrou, a reprodução da obra de arte se contenta com um espectador distraído, os vídeos de Viola obrigam, ao contrário, a uma espera — e a uma atenção — insolitamente longas. Se o espectador entrar no final — como se fazia no cinema quando éramos crianças —, ele se sentirá obrigado a rever o vídeo desde o início. Desse modo, o imóvel tema iconográfico se transforma em história. Isso aparece de forma exemplar em *Greetings*, vídeo exposto na Bienal de Veneza em 1995. Aqui o espectador podia ver as figuras femininas, que a *Visitação* de Pontormo nos apresenta abraçadas, enquanto se aproximam lentamente uma da outra, até comporem, no final, o tema iconográfico da tela de Carmignano.

O espectador, a essa altura, se dá conta, com surpresa, de que a capturar sua atenção não há apenas a animação de imagens que estava habituado a considerar imóveis. Trata-se mais de uma transformação que concerne à própria natureza dessas imagens. Quando, no final, o tema iconográfico foi recomposto, e as imagens parecem parar, elas estão, de fato, carregadas de tempo até quase ex-

plodir, e é justamente essa saturação *cairológica*[1]
que lhes imprime uma espécie de tremor, que constitui
sua aura particular. A cada instante, cada
imagem antecipa virtualmente seu desenvolvimento
futuro e lembra seus gestos precedentes. Se tivéssemos
de definir em uma fórmula a contribuição
específica dos vídeos de Viola, poderíamos dizer
que eles não inserem as imagens no tempo, mas o
tempo nas imagens. Visto que, no moderno, não o
movimento, mas o tempo é o verdadeiro paradigma da
vida, isso significa que há uma vida das imagens
que se deve compreender. Como o próprio autor
afirma em uma entrevista publicada no catálogo:

> A essência da mídia visual é o tempo [...] as imagens
> vivem dentro de nós [...] nós somos *databases*
> viventes de imagens – colecionadores de imagens –
> e já que as imagens estão dentro de nós, elas não
> cessam de se transformar e crescer.

---

[1] Termo formado a partir do grego *kairós*, que, no grego clássico significava "momento propício, oportuno; ocasião favorável; oportunidade; vantagem". E no grego bíblico, "tempo fixado; momento estabelecido; últimos tempos; tempo do juízo final". [N.T.]

2.

Como pode uma imagem carregar-se de tempo? Que relação há entre as imagens e o tempo? Em meados do século XV, Domenico da Piacenza compôs o tratado *De la arte di ballare et danzare* [Sobre a arte de bailar e dançar]. Domenico — ou Domenichino, como chamavam os amigos e discípulos — era o mais famoso coreógrafo de seu tempo, mestre de dança na corte dos Sforza, em Milão, e na corte dos Gonzaga, em Ferrara. Apesar de citar Aristóteles no início de seu livro e enfatizar a dignidade da arte da dança, que é *"de tanto intelecto e fatica quanto ritrovare se possa"* [de tanto intelecto e esforço quanto é possível encontrar], a abordagem fica no meio do caminho entre o manual didático e o compêndio esotérico ligado à tradição oral mestre-aluno. Domenico enumera seis elementos fundamentais da arte da dança: medida, memória, agilidade, maneira, medida do terreno e *"fantasmata"*. Este último elemento — na verdade, absolutamente central — é assim definido:

> Digo a ti, que quer apreender o ofício, é necessário dançar por *fantasmata*, e nota que *fantasmata* é uma presteza corporal, que é movida com o entendimento da medida [...] parando de vez em quando como se tivesse visto a cabeça da medusa, como diz o

poeta, isto é, uma vez feito o movimento, sê todo
de pedra naquele instante, e no instante seguinte
cria asas como o falcão que tenha sido movido pela
fome, segundo a regra acima, isto é, agindo com
medida, memória, maneira com medida de terreno e
espaço.[2]

Domenico chama fantasma uma parada repentina entre dois movimentos, capaz de concentrar virtualmente na própria tensão interna a medida e a memória de toda a série coreográfica.

Os historiadores da dança se perguntaram sobre a origem desse "dançar por *fantasmata*" ["*danzare per fantasmata*"], pelo qual, à semelhança deste ["*quale similitudine*"], conforme testemunho de seus alunos, o mestre pretendia exprimir "muitas coisas que não podem ser ditas" ["*molte cose che non si possono dire*"]. Certamente que ela provém da teoria aristotélica da memória, compendiada no breve tratado sobre a memória e a reminiscência, que tinha exercido influência decisiva sobre a psicologia medieval e renascentista. Aqui o filósofo, ligando estreitamente entre si tempo, memória e imaginação, afirma "que somente os seres que percebem o tempo relembram, e com a mesma faculdade com a qual percebem o tempo", isto é, com a imaginação. A memória não é, de fato, possível sem uma imagem (*phantasma*), que é uma afecção, um *páthos* da sensação ou do pensamento.

---

[2] *Dico a ti che chi del mestiero vole imparare, bisogna danzare per fantasmata e nota che fantasmata è una presteza corporale, la quale è mossa cum lo intelecto del mesura [...] facendo requie a cadauno tempo che pari aver veduto lo capo di medusa, come dice el poeta, cioè che facto el moto, sii tutto di pietra in quello istante e in istante metti ale come falcone che per paica mosso sia, secondo la regola disopra, cioè operando mesura, memoria, maniera cum mesura di terreno e aire.*

Nesse sentido, a imagem mnêmica está sempre carregada de uma energia capaz de mover e turbar o corpo:

> Que a afecção (*páthos*) seja corpórea e a reminiscência uma busca nesse fantasma, fica claro a partir do fato de que algumas pessoas ficam aflitas quando não conseguem lembrar-se de algo apesar da intensa aplicação da mente, e que a agitação perdura também quando não estão mais tentando lembrar — sobretudo os melancólicos, porque são muito mais abalados pelas imagens. O motivo pelo qual relembrar não está sob o poder dessas pessoas é que, assim como aqueles que lançam um dardo não têm mais a possibilidade de detê-lo, aquele que procura algo na memória imprime certo movimento à parte corpórea na qual tal paixão reside.

A dança, portanto, é, para Domenichino, essencialmente uma operação conduzida sobre a memória, uma composição dos fantasmas [das imagens] em uma série temporalmente e espacialmente ordenada. O verdadeiro lugar do dançarino não está no corpo e em seu movimento, mas na imagem como "cabeça de medusa", como pausa não imóvel, mas carregada, ao mesmo tempo, de memória e de energia dinâmica. Porém isso significa que a essência da dança não é mais o movimento — é o tempo.

3.

Não é improvável que Aby Warburg tivesse conhecimento do tratado de Domenico (e do tratado de seu aluno, Antonio da Cornazano), quando preparava em Florença seu estudo sobre *Costumi teatrali per gli intermezzi del 1589* [Figurinos para os entreatos de 1589]. É certo que nada se assemelha mais à visão da imagem como *Pathosformel* do que *"fantasmata"*, que contrai em si, em uma brusca parada, a energia do movimento e da memória. A semelhança concerne também à fixidez espectral, estereotipada, que parece se adequar tanto à "sombra fantasmática" de Domenico (assim referida por Antonio da Cornazano, mal entendendo a expressão do mestre), como à *Pathosformel* warburguiana. O conceito de *Pathosformel* aparece pela primeira vez no ensaio de 1905 *Dürer e la antichità italiana* [Dürer e a antiguidade italiana], que liga o tema iconográfico de uma gravura de Dürer à "linguagem gestual patética" da arte antiga, por meio de uma *Pathosformel* testemunhada em uma pintura em um vaso grego, em uma gravura de Mantegna e nas xilogravuras de um incunábulo veneziano. É bom, antes de mais nada, prestar atenção ao próprio termo. Warburg não escreve, como também teria sido possível, *Pathosform*, mas *Pathosformel*, *fórmula* de *páthos*, ressaltando o aspecto este-

reotipado e repetitivo do tema imaginário com o
qual o artista, a cada vez, contendia para dar
expressão à "vida em movimento" (*bewegtes Leben*).
Talvez o melhor modo de compreender seu sentido é
aproximá-lo ao uso do termo "fórmula" nos estudos
de Milman Parry sobre o estilo formular em Homero,
publicados em Paris nos mesmos anos em que Warburg
trabalhava em seu atlas *Mnemosyne*. O jovem filó-
logo norte-americano tinha renovado a filologia
homérica mostrando como a técnica de composição
oral da *Ilíada* e da *Odisseia* se fundava sobre
um vasto, mas finito, repertório de combinações
verbais (os célebres epítetos homéricos: *podas
okys*, "pé veloz"; *korythaiolos*, "elmo ofuscante";
polytropos, "de muitos enganos" etc.), ritmica-
mente configuradas para que pudessem adaptar-se
a seções do verso e compostas, por sua vez, de
elementos métricos intercambiáveis; ao modificá-
-los, o poeta podia variar sua sintaxe sem alterar
a estrutura métrica. Albert Lord e Gregory Nagy
mostraram que as fórmulas não são somente cheias
de material semântico, destinadas a preencher um
segmento métrico, mas, ao contrário, é provável
que seja o metro que derive da fórmula tradicio-
nalmente transmitida. Do mesmo modo, a composição
formular implica a impossibilidade de distinguir
entre criação e *performance*, entre original e
repetição. Nas palavras de Lord, "o poema não é
composto para a execução, mas na execução". Porém
isso significa que as fórmulas, exatamente como as
Pathosformel de Warburg, são híbridos de matéria
e forma, de criação e *performance*, de novidade e
repetição.

Tome-se a *Pathosformel* Ninfa, à qual é de-
dicada o quadro 46 do atlas *Mnemosyne*. O quadro
contém 26 fotografias, desde um baixo-relevo lon-
gobardo do século VII ao afresco de Ghirlandaio

que está na igreja de Santa Maria Novella (no qual aparece a figura feminina que Warburg chamava, brincando, "senhorita leva-depressa", e que na correspondência sobre a ninfa Jolles define "o objeto dos meus sonhos, que toda vez se transforma em um encantador pesadelo"), da carregadora de água de Rafael à camponesa toscana fotografada por Warburg em Settignano. Onde está a ninfa? Qual de suas 26 epifanias é ela? Faremos uma leitura equivocada do Atlas se procurarmos entre essas epifanias algo como um arquétipo ou um original do qual as outras derivariam. Nenhuma das imagens é original, nenhuma é simplesmente uma cópia. Nesse sentido, a ninfa não é uma matéria passional à qual o artista deve dar nova forma, nem um molde ao qual deve submeter seus materiais emotivos. A ninfa é um composto indiscernível de originalidade e repetição, forma e matéria. Porém um ser cuja forma coincide pontualmente com a matéria e cuja origem é indiscernível do seu vir a ser é o que chamamos tempo, o que Kant definia por isso em termos de uma autoafecção. As *Pathosformeln* são feitas de tempo, são cristais de memória histórica, *"fantasmatas"* no sentido que lhe dá Domenico da Piacenza, em torno dos quais o tempo escreve sua coreografia.

4.

Em novembro de 1972, Nathan Lerner, fotógrafo e
designer que vivia em Chicago, abriu a porta do
quarto da Webster Avenue, 851, onde seu inquilino
Henry Darger vivera por quarenta anos. Darger,
que tinha deixado o quarto alguns dias antes para
ir morar em uma casa de repouso, era um homem
tranquilo, mas certamente estranho. Sobrevivera
até então no limite da miséria lavando pratos em
um hospital próximo, e os vizinhos o ouviam, às
vezes, falar sozinho, imitando uma voz feminina
(uma menina?). Raramente saía, mas durante seus
passeios tinha sido visto remexendo o lixo como
um mendigo. No verão, quando em Chicago a tempe-
ratura se torna de repente tórrida, ele sentava
na escada externa da casa com o olhar fixo no vazio (assim o retrata a única fotografia recente).
Contudo, quando Lerner, em companhia de um jovem
estudante, entrou no quarto, encontrou-se diante
de uma descoberta inesperada. Não foi fácil abrir
caminho por entre os montes de objetos de todo
gênero (novelos de barbantes, garrafinhas de bis-
muto vazias, recortes de jornais). Amontoados em
um canto, sobre um velho baú, havia uns quinze
volumes datilografados e encadernados à mão que
continham uma espécie de *romance* de quase trinta
mil páginas, com o eloquente título *In the Realms*

of the Unreal [No reino do irreal]. Como explica
o frontispício, trata-se da história de sete meninas (as *Vivian girls*) que lideram a revolta contra
os cruéis adultos Glandolinians, que escravizavam,
torturavam, estrangulavam e evisceravam as jovens.
Ainda mais surpreendente foi notar que o solitá-
rio inquilino era também pintor, que por quarenta
anos tinha pacientemente ilustrado seu romance,
em dezenas e dezenas de aquarelas e painéis de
papel que às vezes chegavam a três metros de com-
primento. Nessas ilustrações, paisagens idílicas,
nas quais as meninas nuas, em geral munidas de
um pequeno órgão sexual masculino, vagam absortas
ou brincam entre flores e maravilhosas criaturas
aladas (as serpentes Blengiglomean), alternam-se,
às vezes nas mesmas páginas, com cenas sádicas
de inaudita violência, nas quais os corpos das
jovens são amarrados, espancados, sufocados e,
por fim, abertos para retirar-lhes as vísceras
ensanguentadas.

    O que particularmente nos interessa aqui é o
procedimento compositivo genial de Darger. Pois,
como não sabia pintar, nem mesmo desenhar, ele re-
cortava imagens de meninas de revistas em quadri-
nhos e de jornais e as copiava com papel de seda.
Se a imagem é muito pequena, ele a fotografa e
manda ampliá-la conforme sua necessidade. O artista, no final, dispõe de um repertório formular
e gestual (variações seriais de uma *Pathosformel*
que podemos denominar *nympha dargeriana*) que ele
pode combinar como quiser (por meio da colagem ou
cópia) em seus grandes painéis. Darger representa
o caso extremo de uma composição artística feita
unicamente por meio de *Pathosformeln*, que produz
um efeito de extraordinária modernidade.

    Contudo, a analogia com Warburg é ainda
mais essencial. Os críticos que se dedicaram a

Darger ressaltam os aspectos patológicos de sua
personalidade, que não teria superado os traumas
de infância e apresentaria inquestionáveis traços
autistas. Muito mais interessante é investigar a
relação de Darger com suas *Pathosformeln*. Sem dúvida ele viveu por quarenta anos totalmente imerso
em seu mundo imaginário. Como todo verdadeiro artista, porém, ele não queria só construir a imagem
de um corpo, mas um corpo pela imagem. Sua obra,
como sua vida, é um campo de batalha cujo objeto
é a *Pathosformel* "ninfa dargeriana". Ela foi
reduzida à escravidão por adultos malvados (com
frequência representados em roupas de professores,
com capa e capelo). As imagens das quais é feita
nossa memória tendem, incessantemente, no curso da
transmissão histórica (coletiva e individual), a
se enrijecer em espectros e se trata, justamente,
de restituir-lhes a vida. As imagens são vivas,
mas, sendo feitas de tempo e de memória, sua vida
é sempre *Nachleben*, sobrevivência, está sempre
ameaçada e prestes a assumir uma forma espectral.
Libertar as imagens de seu destino espectral é a
tarefa que tanto Darger como Warburg — no limite
de um essencial risco psíquico — confiam, aquele a
seu interminável romance, este a sua ciência sem
nome.

5.

As pesquisas de Warburg são contemporâneas ao nascimento do cinema. O que os dois fenômenos parecem, à primeira vista, ter em comum é o problema da representação do movimento, mas o interesse de Warburg pela representação do corpo em movimento — que ele chama de *bewegtes Leben* e do qual a ninfa constitui um exemplar canônico — não respondia tanto a razões de ordem técnico-científicas ou estéticas quanto a sua obsessão pelo que se poderia chamar a "vida das imagens". Esse tema define — de Klages a Benjamin, do futurismo a Focillon — uma corrente importante no pensamento e na poética (e, talvez, na política) do começo do século XX, cuja relação com o cinema deve ainda ser investigada. A proximidade entre as pesquisas warburguianas e o nascimento do cinema ganha, nessa perspectiva, um novo sentido. Em ambos os casos se trata de colher um potencial cinético que já está presente na imagem — fotograma isolado ou *Pathosformel* mnésica — e que tem relação com o que Warburg definia com o termo *Nachleben*, vida póstuma (ou sobrevivência).

Sabemos que na origem dos aparelhos precursores do cinema (o fenacistoscópio de Plateau, o zootrópio de Stampfer, o taumatrópio de Paris) está a descoberta da persistência da imagem reti-

niana. Como se pode ler na *brochure* explicativa
do taumatrópio,

> já está experimentalmente comprovado que a impressão que a mente recebe desse modo dura cerca de um oitavo de segundo depois que a imagem foi removida [...] o taumatrópio depende desse princípio óptico: a impressão deixada na retina pela imagem desenhada no papel não se apaga antes que a imagem pintada no verso do papel atinja o olho. A consequência é que vocês veem as duas imagens ao mesmo tempo.

O espectador, cujo olhar se fixava em um disco de papel em movimento no qual estavam desenhados, de um lado, um pássaro e, do outro, uma gaiola, via, pelo efeito da fusão de duas imagens retinianas separadas no tempo, o pássaro entrar na gaiola.

Pode-se dizer que a descoberta de Warburg é que, ao lado da *Nachleben* fisiológica (a persistência das imagens retinianas), há uma *Nachleben* histórica das imagens ligada à permanência de sua carga mnésica, que as constitui como "dinamogramas". Ele foi o primeiro a perceber que as imagens transmitidas pela memória histórica (Klages e Jung estudaram mais os arquétipos meta-históricos) não são inertes e inanimadas, mas possuem uma vida especial e diminuída, que ele chama, justamente, de vida póstuma, sobrevivência. Como o fenacistoscópio — e, mais tarde, e de maneira diferente, o cinema — deve conseguir capturar a sobrevivência retiniana para colocar em movimento as imagens, assim o historiador deve saber colher a vida póstuma das *Pathosformeln* para restituir a energia e a temporalidade que continham. A sobrevivência das imagens não é, de fato, um dado, mas requer

uma operação, cuja realização é tarefa do sujeito
histórico (assim como se pode dizer que a descoberta da permanência das imagens retinianas exige
o cinema, que saberá transformá-las em movimento).
Por meio dessa operação, o passado — as imagens
transmitidas pelas gerações que nos precederam
— que parecia concluído em si e inacessível, se
recoloca, para nós, em movimento, torna-se de novo
possível.

6.

A partir da metade dos anos 1930, enquanto trabalha no livro sobre Paris e, depois, naquele sobre Baudelaire, Benjamin elabora o conceito de "imagem dialética" (*dialektisches Bild*), que deveria constituir o fulcro de sua teoria da consciência histórica. Talvez em nenhum outro texto ele se aproxime de uma definição desse conceito como em um fragmento (N 3,1) do livro sobre as passagens parisienses. Aqui ele distingue as imagens dialéticas das essências da fenomenologia de Husserl. Enquanto essas são conhecidas independentemente de qualquer dado factual, as imagens dialéticas são definidas por seu índice histórico, que as remete à atualidade. Enquanto para Husserl a intencionalidade permanece o pressuposto da fenomenologia, na imagem dialética a verdade se apresenta historicamente como "morte da *intentio*". Isso significa que às imagens dialéticas cabe, no pensamento de Benjamin, uma dignidade comparável às *eide* da fenomenologia e às ideias em Platão: a filosofia tem de lidar com o reconhecimento e a construção de tais imagens. A teoria benjaminiana não contempla nem essência nem objetos, mas imagens. É importante, porém, para Benjamin, que essas imagens se definam por meio de um movimento dialético que é colhido no ato de sua paralisação (*Stillstand*):

> Não é que o passado lance sua luz sobre o presente, ou o presente sua luz no passado, mas a imagem é aquilo em que o que foi se une fulminantemente com o agora (*Jetzt*) em uma constelação. Em outras palavras: a imagem é dialética em uma situação de paralisação (*Stillstand* não indica simplesmente uma paralisação, mas um limiar entre a imobilidade e o movimento).

Em outro fragmento, Benjamin cita uma passagem de Focillon na qual o estilo clássico é definido como

> um breve instante de plena posse das formas [...] como uma felicidade rápida, como a *akmé*[3] dos gregos, o ponteiro da balança só oscila fracamente. O que espero não é vê-lo logo pender de novo e muito menos o momento de fixidez absoluta, mas, no milagre dessa imobilidade hesitante, o frêmito leve, imperceptível, que me indica que está vivo.

Como no "dançar por *fantasmata*" de Domenico da Piacenza, a vida das imagens não está na simples imobilidade, nem na sucessiva retomada de movimento, mas em uma pausa carregada de tensão entre elas. "Onde o pensamento se detém, repentinamente, em uma constelação saturada de tensões", lemos na tese XVII sobre a filosofia da história, "transmite-lhe um choque pelo qual ela se cristaliza como mônada".

A troca de cartas com Adorno no verão de 1935 esclarece de que modo devem ser entendidos os extremos dessa tensão polar. Adorno define o

---

3   O melhor momento, o momento oportuno. [N.T.]

conceito de imagem dialética a partir da concepção benjaminiana da alegoria, no *Trauerspielbuch*, onde se falava de um "esvaziamento de significado" realizado nos objetos pela intenção alegórica.

> Extinguindo-se nas coisas o valor de uso, as coisas, estranhadas, são esvaziadas e, como cifras simbólicas, atraem significados. A subjetividade se apodera delas, colocando nelas intenções de desejo e de angústia. Visto que as coisas isoladas atestam como imagem as intenções subjetivas, essas se apresentam como atávicas e eternas. As imagens dialéticas são constelações entre as coisas estranhadas e o advento do significado, retidas no instante da indiferença entre morte e significado.

Recopiando em suas fichas essa passagem, Benjamin comenta:

> A propósito dessas reflexões, deve-se considerar que no século XIX o número de coisas "esvaziadas" aumenta em uma medida e em um ritmo antes desconhecidos, pois o progresso técnico coloca continuamente fora de circulação novos objetos de uso.

Onde o sentido se interrompe, lá aparece uma imagem dialética. A imagem dialética é uma oscilação não resolvida entre um estranhamento e uma nova ocorrência de sentido. Semelhante na intenção emblemática, ela mantém em suspensão seu objeto em um vazio semântico. Disso decorre sua ambiguidade, que Adorno critica ("ela — a ambiguidade — não deve absolutamente permanecer assim como é"). Adorno, que tenta reconduzir, em última análise, a dialética a sua matriz hegeliana, parece não entender que, para Benjamin, o essencial não é o movimento que, pela mediação, conduz à *Aufhebung* [suprassunção] da contradição, mas o momento de parada, da *pausa*, no qual o meio é exposto como uma zona de indiferença — e, como tal, necessariamente ambígua — entre dois termos opostos. A *Dialektik im Stillstand* [dialética em estado de parada], da qual fala Benjamin, implica uma concepção da dialética cujo mecanismo não é lógico (como em Hegel), mas analógico, paradigmático (como em Platão). Conforme a aguda intuição de Melandri, a fórmula é "nem A nem B", e a oposição que ela implica não é dicotômica e substancial, mas bipolar e tensiva: os dois termos não são nem removidos nem compostos em uma unidade, mas mantidos em uma coexistência imóvel e carregada de tensões. Isso significa, na verdade, que não somente a dialética não é separável dos objetos que nega, mas que esses perdem sua identidade e se transformam nos dois polos de uma mesma tensão dialética, que atinge sua máxima evidência na imobilidade, como um "dançar por *fantasmata*".

Na história da filosofia, essa "dialética em estado de parada" tem um arquétipo ilustre. Ele está na passagem dos *Segundos analíticos*, em que Aristóteles compara a paralisação repentina do pensamento, na qual se produz o universal, a um exército em fuga onde, de repente, um soldado para, e outro depois dele, e assim por diante, até que se reconstitui a unidade inicial. Aqui o universal não é atingido por meio de um procedimento indutivo, mas se produz analogicamente, no particular, por meio de sua paralisação. A multiplicidade dos soldados (isto é, dos pensamentos e das percepções) em fuga desordenada é, de repente, percebida como unidade, exatamente como Benjamin — retomando a imagem de Mallarmé, que, no *Coup de dés* [O lance de dados], tinha elevado a página escrita à potência do céu estrelado e, ao mesmo

tempo, à tensão gráfica do *réclame* — falava de
brusca paralisação do pensamento em uma constelação. Essa constelação é, segundo Benjamin, dialética e intensiva, capaz de colocar um instante do passado em relação com o presente.

Há uma gravura de Focillon de 1937, na qual o grande historiador da arte (que tinha herdado do pai a paixão pelas gravuras) parece que quis fixar em uma imagem essa inquietação suspensa do pensamento. Ela representa um acrobata que oscila pendurado em um trapézio sobre o picadeiro iluminado do circo. Embaixo, à direita, a mão do autor escreveu o título: *La dialectique* [A dialética].

7.

É conhecida a influência que a leitura do ensaio
de Friedrich Theodor Vischer sobre o símbolo exer-
ceu no jovem Warburg. Segundo Vischer, o espaço
próprio do símbolo se situa entre a obscuridade da
consciência mítico-religiosa, que identifica mais
ou menos imediatamente imagem (*Bild*) e significado
(*Bedeutung, Inhalt*), e a clareza da razão, que os
mantêm distintos em todos os pontos.

> Deve-se chamar simbólico [escreve Vischer] um
> elemento mítico em cujo tempo se acreditava, sem
> mais fé real e, todavia, assumido e recebido como
> com viva transposição, como uma aparência dotada
> de sentido (*Sinnvoll Scheinbild*), esteticamente
> livre e, todavia, não vazia.

Entre a consciência mítico-religiosa e a
racional, deve-se introduzir

> como segunda forma fundamental a que está no meio
> entre o livre e o não livre, entre o claro e o
> escuro, e somente depois poderá aparecer, como
> um terceiro momento, a forma inteiramente livre e
> clara [...]. O meio (*die Mitte*): podemos também
> chamar penumbra (*Zwielicht*) isso que tratamos
> aqui. É a animação natural (*Naturbeseelung*),
> involuntária e todavia livre, inconsciente e, no

entanto, em certo sentido, consciente, o ato doador (*der leihende Akt*), pelo qual nós submetemos nossa alma e nossas emoções ao inanimado.

Vischer denomina *vorbehaltende*, suspensivo, esse estado intermediário, no qual o observador não acredita mais na força mágico-religiosa das imagens e, todavia, permanece ligado a elas, mantendo-as suspensas entre o ícone eficaz e o signo puramente conceitual.

O eco que essas ideias deveriam encontrar em Warburg é evidente. O encontro com as imagens (as *Pathosformeln*) acontece para ele nessa região nem consciente, nem inconsciente, nem livre, nem não livre, na qual, contudo, estão em jogo a consciência e a liberdade do homem. O humano se decide nesta terra de ninguém, entre o mito e a penumbra ambígua em que o vivente aceita confrontar-se com as imagens inanimadas que a memória histórica lhe transmite para restituir-lhes a vida. Com as imagens dialéticas em Benjamin e o símbolo em Vischer, as *Pathosformeln* — que Warburg compara a dinamogramas carregados de energia — são recebidas em um estado de "ambivalência latente não polarizada" (*unpolarisierte latente Ambivalenz*), e, somente desse modo, no encontro com um indivíduo vivente, podem readquirir polaridade e vida. O ato de criação no qual o indivíduo — artista ou poeta, mas também o estudioso e, no limite, todo ser humano — se mede com as imagens tem lugar nessa zona central (Vischer a denominava *die Mitte*, e Warburg não se cansa de advertir que *das Problem liegt in der Mitte* [o problema reside na zona central]) entre os dois opostos polos humanos —, podemos defini-la zona de indiferença criadora, retomando uma imagem de Salomon Friedlaender que Benjamin gostava muito de citar.

O centro, que está em questão aqui, não é uma
noção geométrica, mas dialética. Não é o ponto
mediano que separa dois segmentos em uma reta, mas
a passagem através dele de uma oscilação polar.
Como o *"fantasmata"* de Domenico di Piacenza, ele
é imagem imóvel de um ser de passagem, mas isso
significa também que a função que Warburg confia
a seu atlas *Mnemosyne* é exatamente contrária ao
que se costuma entender pela expressão "memória
histórica". Conforme a aguda fórmula de Carchia,
ela "acaba por se revelar, no espaço da memória,
como um autêntico abismo do sentido, como o lugar
da sua própria falta".

O atlas é uma espécie de estação de despo-
larização e repolarização (Warburg fala de "dinamogramas desconexos", *abgeschnürte Dynamogramme*),
na qual as imagens do passado, que perderam seu
significado e sobrevivem como pesadelos ou espectros, são mantidas em suspenso na penumbra na qual
o sujeito histórico, entre o sono e a vigília, se
confronta com elas para restituir-lhes a vida, mas
também para eventualmente despertar delas.

Entre os esboços recuperados por Didi-
-Huberman em suas escavações nos manuscritos war-
burguianos, além de vários esquemas de oscilação
pendular, há um desenho a caneta que mostra um
equilibrista que caminha sobre um eixo mantido em
estabilidade precária entre duas outras figuras.
O equilibrista — desenhado com a letra K — é, talvez, uma cifra de artista (*Künstler*) que se mantém
suspensa entre as imagens e seu conteúdo (em outro lugar Warburg fala de um "movimento pendular
entre a posição de causas como imagens e como si-
nais") —, mas também uma cifra de estudioso que
(como Warburg escreve a propósito de Burckhardt)
age como um necromante que, em plena consciência,
evoca os espectros que o ameaçam.

8.

"Que é a ninfa, de onde vem?", perguntava Jolles a Warburg na troca de correspondências em Florença em 1900 a propósito da figura feminina em movimento pintada por Ghirlandaio na capela Tornabuoni. A resposta de Warburg soa, pelo menos aparentemente, peremptória:

> conforme sua realidade corpórea, ela pode ter sido uma escrava tártara libertada […], mas, segundo sua verdadeira essência, ela é um espírito elementar (*Elementargeist*), uma deusa pagã no exílio […].

A segunda parte da definição ("uma deusa pagã no exílio"), na qual se deteve a atenção dos estudiosos, inscreve a ninfa no contexto mais apropriado das pesquisas warburguianas, a *Nachleben* dos deuses pagãos. A aproximação entre *Elementargeister* e deuses no exílio já está em Heine (na edição da *Revue des deux mondes*, o escrito sobre os *Elementargeister* — composto em 1835 — abre o ensaio "Les dieux en exil" [Os deuses no exílio]). Não foi, no entanto, notado que a doutrina dos espíritos elementares por meio de Heine e de *Undine* [Ondina] de La Motte Fouqué remete ao tratado de Paracelso *De Nymphis, sylphis, pygmeis et salamandris et caeteris spiritibus* [Sobre ninfas, silfos, pigmeus, salamandras e outros espíritos] e marca, na genealogia da ninfa, um ramo escondido e, por assim dizer, esotérico, que não podia não ser familiar nem a Warburg nem a Jolles. Nessa deriva, que se situa no cruzamento de tradições culturais diferentes, a ninfa nomeia o objeto por excelência da paixão amorosa (e assim era ela, certamente, para Warburg: "gostaria de me deixar levar embora alegremente com ela", escreve a Jolles).

Tomemos o tratado de Paracelso que Warburg traz à questão diretamente. Nele a ninfa se insere na doutrina bombastiana dos espíritos elementares (ou criaturas espirituais), cada um dos quais está ligado a um dos quatro elementos: a ninfa (ou ondina) à água, os silfos ao ar, os pigmeus (ou gnomos) à terra, e as salamandras ao fogo. O que define esses espíritos — e principalmente a ninfa — é o fato de eles, mesmo sendo no aspecto totalmente semelhantes ao homem, não terem sido gerados por Adão, mas pertencerem a um segundo grau da criação, "diferente e separado tanto dos homens como dos animais". Existe, segundo Paracelso, uma "dupla carne": uma que vem de Adão, tosca e terrena, e uma não adâmica, sutil e espiritual. (Essa doutrina, que implica, para certas criaturas, uma criação especial, parece ser a exata contraparte da doutrina de La Peyère sobre a criação pré-adâmica dos gentis.) O que define, em todo caso, os espíritos elementares é o fato de não terem uma alma, e assim não são nem homens nem animais (pois possuem razão e linguagem), e não são propriamente nem mesmo espíritos (pois têm corpo). Mais do que animais e menos do que humanos, híbridos de corpo e de espírito, eles são pura e absolutamente "criaturas": criados por

Deus nos elementos mundanos e, como tais, sujeitos
à morte, eles estão sempre fora da economia da
salvação e da redenção:

> Apesar de serem as duas coisas, espírito e homem,
> não são, contudo, nem uma coisa nem outra. Não
> podem ser homens porque se movem como espíritos;
> não podem ser espíritos porque comem, bebem e
> têm carne e sangue [...]. Portanto, são criaturas
> singulares, diferentes daquelas duas e formam
> uma espécie de mistura de sua dupla natureza,
> como um composto agridoce ou como duas cores em
> uma única figura. Porém se deve ressaltar que,
> mesmo sendo, de certo modo, tanto espíritos como
> homens, não são nem um nem outro. O homem tem
> alma, o espírito não. Essas criaturas são ambos
> e, todavia, não têm alma; mas nem por isso são
> espíritos. O espírito, de fato, não morre; a
> criatura morre. Nem é como o homem, porque não
> tem alma. É, assim, um animal e, todavia, mais
> do que animal. Morre como os animais, mas o corpo
> animal não tem, como ele, uma mente. É, portanto,
> um animal que fala e ri justamente como os homens
> [...]. Cristo nasceu e morreu por aqueles que têm
> uma alma e foram gerados por Adão. Não por essas
> criaturas, que não provêm de Adão e, mesmo sendo
> de algum modo homens, não têm alma.

Paracelso se detém, com uma espécie de compaixão amorosa, sobre o destino dessas criaturas em tudo semelhantes ao homem e, no entanto, condenadas sem culpa a uma vida totalmente animal:

> São um povo de humanos, que, porém, morrem como
> animais, caminham como os espíritos, comem e bebem
> como os homens. Morrem como animais, sem que nada
> reste deles. Sua reprodução é semelhante à humana
> [...] e, no entanto, não morrem como os homens, mas

como os animais. Como toda carne, também a deles
se corrompe [...]. Nos costumes, nos gestos, na
língua, na sabedoria, são perfeitamente humanos;
como os homens, virtuosos ou viciosos, melhores
ou piores [...]. Vivem com os homens sob uma lei,
comem o fruto do trabalho de suas mãos, tecem
para si roupas que vestem como os homens, usando
a razão e governando suas comunidades com justiça
e sabedoria. Embora sejam animais, têm uma razão
humana — só são desprovidos de alma. Por isso
não podem servir a Deus nem caminhar nas vias do
Senhor.

Como homens não humanos, os espíritos elementares de Paracelso constituem o arquétipo ideal de toda separação do homem de si mesmo (a analogia com o povo judeu é também aqui surpreendente). O que define, todavia, a especificidade das ninfas em relação às outras criaturas não adâmicas é o fato de que elas podem receber uma alma, se elas se unirem sexualmente a um homem e gerarem com ele um filho. Aqui Paracelso se vincula a outra tradição mais antiga, que associava indissoluvelmente as ninfas ao reino de Vênus e à paixão amorosa (e que está na origem tanto do termo psiquiátrico "ninfomania" como, talvez, na origem do termo anatômico *nymphae*, que designa os pequenos lábios da vagina). Segundo Paracelso, de fato, muitos "documentos" atestam que as ninfas "não somente aparecem aos homens, mas têm relações sexuais com eles (*copulatae coiverint*), e com eles geram filhos". Se isso acontece, tanto a ninfa como sua prole recebem uma alma e se tornam assim verdadeiramente humanas.

> Isso pode ser provado com muitos argumentos, na
> medida em que, mesmo sendo eternas, se unem aos
> homens e se tornam humanas, isto é, adquirem uma

alma. Deus, com efeito, as criou tão semelhantes e conforme aos homens, que não se poderia pensar nada de mais semelhante, mas acrescentou o milagre de privá-las de alma. Porém, ao se unirem aos homens em uma estável união, essa união lhes confere uma alma [...]. Está claro, portanto, que sem os homens seriam animais, assim como os homens, sem um pacto com Deus, não seriam nada [...]. Por essa razão as ninfas procuram os homens e, com frequência, acasalam em segredo com eles.

Toda a vida das ninfas é colocada por Paracelso sob o signo de Vênus e do amor. Se ele chama "Monte de Vênus" a sociedade das ninfas (*collectio et conversatio, quam Montem Veneris appelitant* [...] – *congregatio quaedam nynpharum in antro* [reunião e frequência que estão habituados a chamar de Monte de Vênus – certa sociedade das ninfas em uma caverna] – como não ver aqui o *tópos* por excelência da poesia amorosa), é porque a própria Vênus é, na verdade, apenas uma ninfa e uma ondina, ainda que seja superior às outras e, por muito tempo, antes de morrer (aqui Paracelso enfrenta a seu modo o problema da sobrevivência dos deuses pagãos), a rainha das ninfas (*iam vero Venus Nympha est et undena, caeteris dignior et superior, quae longo quidem tempore regnavit sed tandem vita functa est*).

Condenadas assim a uma incessante busca amorosa do homem, as ninfas têm uma existência paralela na terra. Criadas não à imagem de Deus, mas à imagem do homem, elas constituem uma espécie de sombra deste, ou de *imago* [imagem] e, como tais, perpetuamente acompanham e desejam – e são, por sua vez, por eles desejadas – aquilo do que são imagem. Somente no encontro com o homem,

as imagens inanimadas adquirem alma, tornam-se
verdadeiramente vivas:

> E como dissemos que o homem é uma imagem de Deus,
> plasmada segundo a Sua imagem, assim se pode di-
> zer que essas criaturas são as imagens do homem,
> formadas segundo sua imagem. E assim como o homem
> não é Deus, ainda que feito à Sua imagem, assim
> essas criaturas, mesmo tendo sido criadas à imagem
> do homem, permanecem como foram plasmadas, assim
> como o homem permanece tal qual Deus o criou.

A história da ambígua relação entre homens
e ninfas é a história da difícil relação entre o
homem e suas imagens.

9.

A invenção da ninfa como a figura por excelência
do objeto de amor é obra de Boccaccio. Aqui ele
não inventa totalmente, mas, com seu costumeiro
modo, a um tempo mimético e apotropaico, desloca e transcreve um modelo dantesco e estilonovista em um novo âmbito (que podemos definir
com o termo moderno "literatura", que certamente
não seria o caso de aplicar, sem aspas, a Dante
e Cavalcanti). Secularizando nesse modo aquelas
que eram, essencialmente, categorias filosófico-
-teológicas, ele constitui, de modo retroativo,
como se fosse esotérica a experiência dos poetas
do amor (em si totalmente indiferente à oposição
esotérico/exotérico) e, situando depois a literatura sobre esse enigmático fundo teológico, abala
e, ao mesmo tempo, conserva seu legado. Em todo
caso, é certo que a "ninfa florentina" é a figura
central da prosa e da poesia amorosa de Boccaccio,
pelo menos a partir de 1341, quando compõe aquela
singular prosa métrica, misto de pequenas nove-
las e de *terze rime*,[4] que ele intitula (com clara

---

4 A *terza rima* é a unidade de três versos que apresenta
  simetria matemática baseada no número três. Nela se
  encadeiam tercetos que rimam em esquema ABA, BCB, CDC,
  DED, EFE etc. A linha central de cada terceto controla
  as duas linhas marginais do terceto seguinte. A *terza*

alusão ao poema de Dante) *Comedia delle ninfe fiorentine* [Comédia das ninfas florentinas]. (Intitulando, em 1900, "ninfa florentina" o caderno ao qual confia sua correspondência com Jolles, Warburg evoca discretamente Boccaccio, autor, como se sabe, particularmente caro a Jolles.) Porém ainda no *Ninfale fiesolano* [Ninfal de Fiesole], no *Carmen bucolicum* [Canção bucólica] e, em certo sentido especial, no *Corbaccio*,[5] amar significa amar uma ninfa.

O objeto de amor — que Dante denomina "ninfa", somente em poucos e importantíssimos lugares (na terceira epístola, nas éclogas e, sobretudo, no *Purgatório*, onde ela constitui uma espécie de portal entre os paraísos terrestre e celeste) — representa, nos poetas do amor, o ponto no qual a imagem ou o fantasma se comunica com o intelecto possível. Como tal, ele é um conceito-limite não somente entre o amante e a amada, entre o sujeito e o objeto, mas também entre o indivíduo vivente e o único intelecto (ou pensamento, ou linguagem). Desse conceito-limite filosófico-teológico, Boccaccio faz o lugar no qual se põe o problema, saborosamente moderno, da relação entre vida e poesia. A ninfa é a quase reificação literária da *intentio* da psicologia medieval (por isso Boccaccio, fingindo acreditar em fofocas familiares, poderá transformar Beatriz em uma jovem florentina). Os dois textos cruciais e

---

rima é também chamada de *incatenata* (encadeada). Foi criada por Dante Alighieri, que a usou pela primeira vez na *Divina comédia*. [N.T.]

5 A origem desse título é incerta e existem duas hipóteses: pode referir-se ao espanhol *corbacho* e ao francês *courbache*, que significam "golpe violento contra mulheres", ou pode referir-se a um pássaro de cor preta (o corvo), símbolo do amor que enlouquece. [N.E.]

aparentemente antitéticos são aqui a introdução à quarta jornada do *Decameron* e o *Corbaccio*.

Na introdução, Boccaccio, ao contrapor as Musas (com as quais "Nem podemos nós morar [...] nem podem elas estar conosco" [*non possiamo dimorare* [...] *né esse con noi*"]) às mulheres, toma partido das segundas, diminuindo, de resto, os termos da cisão ("São mulheres as Musas. E, ainda que as mulheres não tenham o valor das Musas, ainda assim aquelas possuem, no aspecto, semelhanças com estas" [*"le Muse son donne, e benché le donne quelle che le muse vagliono non vagliono, pure esse hanno nel primo aspetto somiglianza di quelle"*]). No *Corbaccio*, a escolha é invertida e a crítica feroz às mulheres vai *pari passo* com a reivindicação da relação exclusiva com as "ninfas castálides".[6] Contra as mulheres que afirmam que "Todas as coisas boas são femininas: as estrelas, os planetas, as Musas" [*"tutte le buone cose son feminine: le stelle, le pianete, le Muse..."*], Boccaccio, com um brusco realismo, abre uma cesura insanável entre as Musas e as mulheres: "É verdade que são todas mulheres, mas não mijam" [*"egli è vero che tutte son femine, ma non pisciano"*]. A costumeira miopia dos especialistas acreditou que pudesse resolver a contradição entre esses dois textos projetando-a sobre a cronologia, em última análise, sobre a biografia do autor, lendo-a como uma evolução senil. A oscilação é, ao contrário, interna ao problema e corresponde à ambiguidade essencial da ninfa de Boccaccio. A cesura entre realidade e imaginação, que a teoria dantesca e estilonovista do amor queria suturar, é aqui reproposta em toda a sua crueza. Se *"ninfale"* é

---

6   O epíteto dessas ninfas rementem a Castália, fonte na Beócia consagrada a Apolo e às Musas. [N.T.]

aquela dimensão poética na qual as imagens (que "não mijam") deveriam coincidir com as mulheres reais, então a ninfa florentina continua prestes a se dividir segundo suas duas polaridades opostas, ao mesmo tempo demasiado viva e inanimada, sem que o poeta consiga mais conferir-lhe uma vida unitária. A imaginação que, nos poetas do amor, assegurava a possibilidade da conjunção entre o mundo sensível e o pensamento, aqui se torna o lugar de uma sublime ou farsesca fratura, na qual se insere a literatura (e, mais tarde, a teoria kantiana do sublime). A literatura moderna nasce, desse modo, de uma cisão da *imago* medieval.

Não surpreende assim que, em Paracelso, a ninfa possa se apresentar como uma criatura de carne e osso, criada à imagem do homem, que pode adquirir uma alma simplesmente unindo-se a ele. A conjunção amorosa com a imagem, símbolo da consciência perfeita, torna-se aqui a união sexual impossível com uma *imago* transformada em criatura, que "come e bebe" (como não nos lembrarmos da crua caracterização boccaccesca das ninfas-Musas?).

10.

A imaginação é uma descoberta da filosofia medieval. Nessa filosofia, ela atinge seu limiar crítico — e, simultaneamente, sua formulação mais aporética — no pensamento de Averróis. A aporia central do averroísmo, que não cessa de suscitar as obstinadas objeções dos escolásticos, está, de fato, na relação entre intelecto possível, único e separado, e cada indivíduo singularmente. Segundo Averróis, estes se unem (*copulantur*) com o intelecto único por meio dos fantasmas que se encontram no senso interno (sobretudo na virtude imaginativa e na memória). A imaginação recebe, desse modo, um lugar decisivo em todos os sentidos: no vértice da alma individual, no limite entre o corpóreo e o incorpóreo, o individual e o comum, entre a sensação e o pensamento ela é a extrema escória que a combustão da existência individual abandona no limiar do separado e do eterno. Nesse sentido, a imaginação — e não o intelecto — é o princípio que define a espécie humana.

Essa definição é aporética, porque — como Tomás de Aquino incessantemente objeta em sua crítica, afirmando que, se aceitamos a tese averroísta, o homem individualmente não pode conhecer — ela situa a imaginação no vazio que se abre entre a sensação e o pensamento, entre a multiplicidade dos indivíduos e a unicidade do intelecto. Daqui — como sempre quando se trata de apreender um limiar ou uma passagem — surge o vertiginoso multiplicar-se das distinções na psicologia medieval: virtude sensível, virtude imaginativa, memorial, intelecto material, o iniciado etc. A imaginação circunscreve um espaço em que não pensamos ainda, no qual o pensamento se torna possível somente por meio de uma impossibilidade de pensar. Nessa impossibilidade os poetas do amor situam sua glosa à psicologia averroísta: a *copulatio*, a cópula, dos fantasmas com o intelecto possível é uma experiência amorosa, e o amor, antes de qualquer outra coisa, é amor de uma *imago*, de um objeto de algum modo irreal, exposto, como tal, ao risco da angústia (que os poetas estilonovistas denominam "*dottanza*"[7]) e da falta. As imagens, que constituem a última consistência do humano e o único meio de sua salvação, são também o lugar de seu incessante faltar a si mesmo.

É sobre esse pano de fundo que se deve situar o projeto warburguiano de recolher em um atlas (cujo nome é *Mnemosyne*) as imagens (as *Pathosformeln*) da humanidade ocidental. A ninfa warburguiana paga pela ambígua herança da imagem, mas a desloca para outro plano, histórico e coletivo. Dante, no *Da monarquia*, já havia interpretado a herança averroísta no sentido de que, se o homem é definido não pelo pensamento, mas por uma possibilidade de pensar, então essa possibilidade não pode ser realizada individualmente por um homem, mas somente por uma *multitudo*, uma multidão, no espaço e no tempo, isto é, no plano da coletividade e da história. Trabalhar

---

7   Pode ser traduzido por temor, dúvida, hesitação.   [N.T.]

com imagens, nesse sentido, significa para Warburg trabalhar na encruzilhada não somente entre o corpóreo e o incorpóreo, mas também, sobretudo, entre o individual e o coletivo. A ninfa é imagem da imagem, a cifra das *Pathosformeln* que os homens transmitem uns aos outros de geração a geração, e à qual ligam sua possibilidade de se encontrar e se perder, de pensar ou de não pensar. As imagens são, portanto, um elemento marcadamente histórico, mas, segundo o princípio benjaminiano pelo qual surge vida de tudo aquilo do que surge história (e que poderia ser reformulado no sentido que surge vida de tudo o que surge imagem), elas são, de algum modo, vivas. Nós estamos habituados a atribuir vida somente ao corpo biológico. Ninfal, por sua vez, é uma vida puramente histórica. Como os espíritos elementares de Paracelso, as imagens precisam, para serem verdadeiramente vivas, que um sujeito, assumindo-as, una-se a elas, mas nesse encontro — como na união com a ninfa-ondina — está ínsito um risco mortal. Ao longo da tradição histórica, de fato, as imagens se cristalizam e se transformam em espectros, dos quais os homens se tornam escravos e dos quais, continuamente, é necessário libertá-los. O interesse de Warburg pelas imagens astrológicas tem sua raiz na consciência de que "a observação do céu é a graça e a maldição do homem", que a esfera celeste é o lugar no qual os homens projetam sua paixão pelas imagens. Como para o *vir niger*, o homem negro, enigmático decano astrológico que ele tinha reconhecido nos afrescos de Schifanoia, é essencial, no encontro com o dinamograma carregado de tensões, a capacidade de suspender e inverter sua carga, de transformar o destino em fortuna. As constelações celestes são, nesse sentido, o texto original no qual a imaginação lê o que nunca foi escrito.

Na carta a Vossler, enviada poucos meses antes de sua morte, Warburg, reformulando o programa de seu atlas como uma "teoria da função da memória humana por imagens" (*Theorie des Funktion des menschlichen Bildgedächtnisses*), relaciona-o com o pensamento de Giordano Bruno:

> Veja que não devo aqui deixar escapar, de modo algum, como tenho feito até agora, a possibilidade de me reportar a uma figura que me fascina há quarenta anos e que, até onde posso ver, não encontrou até agora sua justa posição na história do espírito: Giordano Bruno.

O Giordano Bruno ao qual Warburg aqui se refere em relação ao atlas só pode ser o Bruno dos tratados mágico-mnemônicos, como o *De umbris idearum* [Sobre as sombras das ideias]. É curioso que, em seu estudo *A arte da memória*, Frances Yates não tenha percebido que os sigilos que Bruno insere nesse livro têm a forma de criaturas astrológicas. Essa semelhança com um dos objetos privilegiados de suas pesquisas não podia deixar de impressionar Warburg, que, em seu estudo sobre a adivinhação na época de Lutero, reproduz criaturas quase idênticas. A lição que Warburg extrai de Bruno é que a arte de dominar a memória — em seu caso, a tentativa de compreender por meio do atlas o funcionamento do *Bildgedächtnis* humano — tem que ver com as imagens que exprimem a submissão do homem ao destino. O atlas é o mapa que deve orientar o homem em sua luta contra a esquizofrenia da sua imaginação. O cosmos, que o mítico Atlas sustenta em seus ombros (Davide Stimilli lembrou a importância desse personagem para Warburg), é o *mundus imaginalis* [mundo imaginário]. A definição do atlas como "histórias de fantasmas para adultos" encontra aqui seu sentido último. A história da humanidade é sempre história de fantasmas e imagens, porque é na imaginação que tem lugar a fratura entre o individual e o impessoal, o múltiplo e o único, o sensível e o inteligível, e, ao mesmo tempo, a tarefa de sua recomposição dialética. As imagens são o resto, os vestígios do que os homens que nos precederam esperaram e desejaram, temeram e removeram. E como é na imaginação que algo como uma história se tornou possível, é por meio da imaginação que ela deve, cada vez, de novo se decidir.

A historiografia warburguiana (e nisso ela está muito próxima à poesia, conforme a impossibilidade de se discernir entre Clio e Melpômene, que Jolles sugeriu em um belo ensaio em 1925) é a tradição e a memória das imagens e, ao mesmo tempo, a tentativa da humanidade de se liberar delas, para abrir, além do "intervalo" entre prática mítico-religiosa e o puro signo, o espaço de uma imaginação já sem imagens. O título *Mnemosyne* nomeia, nesse sentido, o que é sem imagem, que é a despedida — e o refúgio — de todas as imagens.

Créditos

Fundação Bienal de São Paulo

Fundador: Francisco Matarazzo Sobrinho · 1898–1977 (*presidente perpétuo*)

Conselho de Honra: Oscar P. Landmann † (*presidente*)

Membros do Conselho de Honra composto de ex-presidentes: Alex Periscinoto, Carlos Bratke, Celso Neves †, Edemar Cid Ferreira, Jorge Eduardo Stockler, Jorge Wilheim, Julio Landmann, Luiz Diederichsen Villares, Luiz Fernando Rodrigues Alves †, Maria Rodrigues Alves †, Manoel Francisco Pires da Costa, Oscar P. Landmann †, Roberto Muylaert

Conselho de administração: Tito Enrique da Silva Neto (*presidente*) Alfredo Egydio Setubal (*vice-presidente*)

Membros vitalícios: Adolpho Leirner, Alex Periscinoto, Benedito José Soares de Mello Pati, Carlos Bratke, Gilberto Chateaubriand, Hélène Matarazzo, Jorge Wilheim, Julio Landmann, Manoel Ferraz Whitaker Salles, Miguel Alves Pereira, Pedro Aranha Corrêa do Lago, Pedro Franco Piva, Roberto Duailibi, Roberto Pinto de Souza, Rubens José Mattos Cunha Lima

Membros: Alberto Emmanuel Whitaker, Alfredo Egydio Setubal, Aluizio Rebello de Araujo, Álvaro Augusto Vidigal, Andrea Matarazzo, Antonio Bias Bueno Guillon, Antonio Bonchristiano, Antonio Henrique Cunha Bueno, Beatriz Pimenta Camargo, Beno Suchodolski, Cacilda Teixeira da Costa, Carlos Alberto Frederico, Carlos Francisco Bandeira Lins, Carlos Jereissati Filho, Cesar Giobbi, Claudio Thomas Lobo Sonder, Danilo dos Santos Miranda, Decio Tozzi, Eduardo Saron, Elizabeth Machado, Emanoel Alves de Araújo, Evelyn Ioschpe, Fábio Magalhães, Fernando Greiber, Fersen Lamas Lembranho, Gian Carlo Gas-

perini, Gustavo Halbreich, Jackson Schneider, Jean-Marc
Robert Nogueira, Baptista Etlin, Jens Olesen, Jorge Gerdau Johannpeter, José Olympio da Veiga Pereira, Marcos
Arbaitman, Maria Ignez Corrêa da Costa Barbosa, Marisa
Moreira Salles, Meyer Nigri, Nizan Guanaes, Paulo Sérgio
Coutinho Galvão, Pedro Paulo de Sena Madureira, Roberto
Muylaert, Ronaldo Cezar Coelho, Sérgio Spinelli Silva,
Susana Leirner Steinbruch, Tito Enrique da Silva Neto

Conselho fiscal: Carlos Alberto Frederico, Gustavo Halbreich, Tito Enrique da Silva Neto, Pedro Aranha Corrêa
do Lago

Diretoria executiva: Heitor Martins (*presidente*), Eduardo
Vassimon (*1º vice-presidente*), Justo Werlang (*2º vice-presidente*)

Diretores: Jorge Fergie, Luis Terepins, Miguel Chaia,
Salo Kibrit

30ª Bienal de São Paulo

Curadoria: Luis Pérez-Oramas (*curador*), André Severo (*curador associado*), Tobi Maier (*curador associado*), Isabela
Villanueva (*curadora assistente*)

Curadores convidados: Ariel Jimenez (Roberto Obregón),
Helena Tatay (Hans-Peter Feldmann), Susanne Pfeffer (Absalon), Vasco Szinetar (Alfredo Cortina), Wilson Lazaro
(Arthur Bispo do Rosário)

Assessoria curatorial: Andre Magnin (Frédéric Bruly Bouabré, Ambroise Ngaimoko-Studio 3Z), Joaquim Paiva (Alair
Gomes), John Rajchman (Fernand Deligny, Xu Bing), Justo
Pastor Mellado (Ciudad Abierta), Luciana Muniz (Alair
Gomes), Micah Silver & Robert The (Maryanne Amacher),
Pia Simig (Ian Hamilton Finlay), Sandra Alvarez de Toledo
(Fernand Deligny), Teresa Gruber (Mark Morrisroe)

Diretor superintendente: Rodolfo Walder Viana

Consultor: Emilio Kalil

Coordenação geral de produção: Dora Silveira Corrêa

Curadoria Educativo Bienal: Stela Barbieri

Coordenação geral de comunicação: André Stolarski

Projetos e produção

Produtores: Felipe Isola, Fernanda Engler, Helena Ramos, Janayna Albino, Joaquim Millan, Marina Scaramuzza, Waleria Dias, Arthur Benedetti (*logística de transporte*), Grace Bedin (*transporte*), Viviane Teixeira (*assistente geral*), Luisa Colonnese (*assistente*), Marcos Gorgatti (*assistente*), Vivian Bernfeld (*assistente*)

Cenotécnico: Metro Cenografia | Quindó de Oliveira

Montagem de obras: William Zarella

Museologia: Macarena Mora, Graziela Carbonari, Bernadette Ferreira, Heloísa Biancalana

Projeto audiovisual de obras: Maxi Áudio Luz Imagem

Projeto luminotécnico: Samuel Betts

Transporte: Arte3 Log, ArtQuality

Expografia: *Metro Arquitetos Associados* — Martin Corullon (*arquiteto responsável*), Gustavo Cedroni (*arquiteto*), Anna Ferrari (*arquiteta*), Helena Cavalheiro (*arquiteta*), Felipe Fuchs (*arquiteto*), Bruno Kim (*arquiteto*), Marina Iioshi (*arquiteta*), Francisca Lopes (*estagiária*), Rafael de Sousa (*estagiário*)

Comunicação

Coordenação de comunicação: Felipe Taboada (*coordenador*), Júlia Frate Bolliger (*assistente de comunicação*), Julia Bolliger Murari (*assessora de imprensa*)

Coordenação de design: Ana Elisa de Carvalho Price (*coordenadora*), Felipe Kaizer (*designer gráfico*), Roman Iar Atamanczuk (*assistente de design*), André Noboru Siraiama (*estagiário*), Douglas Higa (*estagiário*)

Coordenação editorial: Cristina Fino (*coordenadora*), Diana Dobránszky (*editora*), Alícia Toffani (*assistente editorial*)

Coordenação de internet: Victor Bergmann (*coordenador*)

Apoio à coordenação geral: Eduardo Lirani (*assistente administrativo e produtor gráfico*)

Assessoria de imprensa: A4

Desenvolvimento de website: Conectt

Desenvolvimento do jogo educativo online: Zira

Edição e tradução de legendas: Cid Knipel Moreira, Christopher Mack, Jeffery Hessney, Mariana Lanari

Gerenciamento de documentação audiovisual: Renata Lanari

Produção gráfica: Signorini

Registro audiovisual: *Mira Filmes* – Gustavo Rosa de Moura (*diretor geral*), Bruno Ferreira (*coordenador, fotógrafo e editor*), Francisco Orlandi Neto (*fotógrafo e editor*), Rafael Nantes (*editor*), Brunno Schiavon (*assistente de edição*), Joana Brasiliano (*designer*), Luciana Onishi (*produtora executiva*), Juliana Donato (*produtora*), Leo Eloy (*fotógrafo*), Nick Graham Smith (*trilha sonora*)

Workshop de identidade visual

Designers convidados: Armand Mevis & Linda Van Deursen, Daniel Trench, Elaine Ramos, Jair de Souza, Rico Lins

Participantes do workshop: Adriano Guarnieri, Cecília Oliveira da Costa, Daniel Frota de Abreu, David Francisco, Débora Falleiros Gonzales, Miguel Nobrega, Pedro

Moraes, Rafael Antônio Todeschini, Renata Graw, Renato Tadeu Belluomini Cardilli, Tatiana Tabak, William Hebling

Equipe Bienal: Ana Elisa de Carvalho Price, André Stolarski, André Noboru Siraiama, Douglas Higa, Felipe Kaizer, Matheus Leston, Roman Iar Atamanczuk, Victor Bergmann

Coordenadora de produção: Renata Lanari

Educativo Bienal: Carolina Melo (*assistente de curadoria*), Guga Queiroga (*secretária*)

Supervisão geral: Laura Barboza

Relações externas: Helena Kavaliunas (*coordenadora*), Ana Lua Contatore (*assistente*), Juliana Duarte (*assistente*), Maíra Martinez (*assistente*)

Voluntários: Rosa Maia (*coordenadora*), Bárbara Milano, Chynthia Rafael da Silva, Daniela Fajer (*arquitetura*), Débora Borba, Gaelle Pierson, Giuliana Sommantico, Guilherme de Magalhães Gouvea (*comunicação*), Isadora Reis (*arquivo*), Karla Shulz Sganga (*produção*), Lucia Abreu Machado, Marcelle Sartori, Maria Cecília Lacerda de Camargo, Maria Fillipa Jorge, Maria Varon (*arquivo*), Mariana Lorenzi Azevedo (*curadoria*), Marina Mesquita, Paola Ribeiro, Paula de Andrade Carvalho, Paulo Franco, Tereza Galler, Vera Cerqueira

Ensino: Carlos Barmak (*coordenador*), Daniela Azevedo (*coordenadora*)

Pesquisa: Marisa Szpigel

Produção de conteúdo e palestras: Galciani Neves, Guga Szabzon, Leandro Ferre Caetano, Matias Monteiro, Otávio Zani, Ricardo Miyada, Tiago Lisboa

Comunicação: Daniela Gutfreund (*coordenadora*), Beatriz Cortés (*documentação/sala de leitura*), Denise Adams (*fo-

tógrafa), Fernando Pião (*fotógrafo assistente*), Sofia Colucci (*estagiária*), Simone Castro (*jornalista*), Amauri Moreira (*documentação audiovisual*)

Produção: Valéria Prates (*coordenadora*), Agnes Mileris (*assistente de produção*), Auana Diniz (*assistente de produção*), Bob Borges (*produtor*), Eduardo Santana (*produtor*), Elisa Matos (*produtora*), Gregório Soares (*assistente de produção*), Marcelo Tamassia (*produtor*), Dayves Augusto Vegini (*assistente de produção*), Mauricio Yoneya (*assistente*), Danilo Guimarães (*estagiário*)

Formação de educadores: Laura Barboza (*coordenadora geral*)

Coordenadores: Elaine Fontana, Pablo Tallavera

Supervisores: Anita Limulja, Carlos Alberto Negrini, Carolina Velasquez, Debora Rosa, Marcos Felinto, Mayra Oi Saito, Pedro Almeida Farled, Rodrigo De Leos, Paula Yurie, Talita Paes

Arquivo Bienal: Adriana Villela (*coordenadora*), Ana Paula Andrade Marques (*pesquisadora*), Fernanda Curi (*pesquisadora*), Giselle Rocha (*técnica em conservação*), José Leite de A. Silva (Seu Dedé) (*auxiliar administrativo*)

Assessoria jurídica: Marcello Ferreira Netto

Finanças e controladoria: Fabio Moriondo (*gerente*), Amarildo Firmino Gomes (*contador*), Fábio Kato (*auxiliar financeiro*), Lisânia Praxedes dos Santos (*assistente de contas a pagar*), Thatiane Pinheiro Ribeiro (*assistente financeiro*), Bolivar Lemos Santos (*estagiário*)

Marketing e captação de recursos: Marta Delpoio (*coordenadora*), Bruna Azevedo (*assistente*), Gláucia Ribeiro (*assistente*), Raquel Silva (*assistente administrativa*)

Recursos humanos e manutenção: Mário Rodrigues (*gerente*), Geovani Benites (*auxiliar administrativo*), Rodrigo Martins (*assistente de recursos humanos*), Manoel Lindolfo Batista (*engenheiro eletricista*), Valdemiro Rodrigues da Silva (*coordenador de compras e almoxarifado*), Vinícius Robson da Silva Araújo (*comprador sênior*), Wagner Pereira de Andrade (*zelador*)

Secretaria geral: Maria Rita Marinho (*gerente*), Angélica de Oliveira Divino (*auxiliar administrativa*), Maria da Glória do E. S. de Araújo (*copeira*), Josefa Gomes (*auxiliar de copa*)

Tecnologia da informação: Marcos Machuca (*assessor especial*), Leandro Takegami (*coordenador*), Jefferson Pedro (*assistente de TI*)

Relações institucionais: Flávia Abbud (*coordenadora*), Mônica Shiroma de Carvalho (*analista*)

Educadores: Adriano Vilela Mafra, Aline de Cássia Silva Escobar Aparício, Aline Marli de Sousa Moraes, Amanda Capaccioli Salomão, Ana Carolina Druwe Ribeiro, Ana Paula Lopes de Assis, André Benazzi Piranda, Andrea Lins Barsi, Anike Laurita de Souza, Anna Livia Marques de Souza, Anna Luísa Veliago Costa, Anne Bergamin Checoli, Bianca Panigassi Zechinato, Bruna Amendola Dell Arciprete, Bruno Brito, Bruno Cesar Rossarola dos Santos, Camila Sanches Zorlini, Carlos Eduardo Gonçalves da Silva, Carolina Brancaglion Pereira, Carolina Laiza Boccuzzi, Carolina Oliveira Ressurreição, Carolina Tiemi Takiya Teixeira, Caroline Pessoa Micaelia, Catharine Rodrigues, Clarisse Gomes Valadares, Danielle Sleiman, Daphine Juliana Ferrão, Desiree Helissa Casale, Diego Castro da Silva Cavalcante, Diran Carlos de Castro Santos, Edivaldo Peixoto Sobrinho, Elfi Nitze, Elisabeth Costa Marcolino, Erivaldo Aparecido Alves Nascimento, Fabio Lopes do Nascimento, Fábio Moreira Caiana, Felipe Eduardo Narciso Vono, Fernanda Dantas da Costa, Fernando Augusto Fileno, Filipe Monguilhott Falcone, Flávia Marquesi de Souza, Francisco Ferreira Menezes, Frederico Luca L. e Silva Ravioli, Gabriel de Aguiar Marcondes

Cesar, Gabriele Veron Chagas Ramos, Gerson de Oliveira
Junior, Giovana Souza Jorqueira, Giuliano Nonato, Glaucia
Maria Gonçalves Rosa, Guilherme Pacheco Alves de Souza,
Inaya Fukai Modler, Isabella da Silva Finholdt, Isabella
Pugliese Chiavassa, Isabelle Daros Pignot, Isadora do Val
Santana, Isadora Fernandes Mellado, Ísis Arielle Ávila
de Souza, Jailson Xavier da Silva, Jaqueline Lamim Lima,
Jessica Cavalcante Santos, João Ricardo Claro Frare, Joice
Palloma Gomes Magalhães, Jonas Rodrigues Pimentel, Juan
Manuel Wissocq, Juliana Meningue Machado, Juliana Rodrigues
Barros, Lara Teixeira da Silva, Laura da Silva Monteiro
Chagas, Leandro Eiki Teruya Uehara, Letícia Scrivano, Lívia
de Campos Murtinho Felippe, Luana Oliveira de Souza, Lucas
Itacarambi, Lucas Ribeiro da Costa Souza dos Santos, Luciano Wagner Favaro, Luís Carlos Batista, Luis Henrique Bahu,
Luísa De Brino Mantoani, Luisa de Oliveira Silva, Luiza
Americano Grillo, Marcela Dantas Camargo, Márcia Gonzaga
de Jesus Freire, Marcos Paulo Gomide Abe, Mariana Ferreira
Ambrosio, Mariana Peron, Mariana Teixeira Elias, Marília
Alves de Carvalho, Marília Persoli Nogueira, Marina Ribeiro
Arruda, Mayara Longo Vivian, Maysa Martins, Mona Lícia Santana Perlingeiro, Natalia da Silva Martins, Natalia Marquezini Tega, Nayara Datovo Prado, Pedro Gabriel Amaral Costa,
Pedro Henrique Moreira, Pyero Fiel Ayres da Silva, Rachel
Pacheco Vasconcellos, Rafael de Souza Silva, Rafael Ribeiro
Lucio, Raphaela Bez Chleba Melsohn, Raul Leitão Zampaulo,
Raul Narevicius dos Santos, Renan Pessanha Daniel, Renata
Gonçalves Bernardes, Ricardo Vasques Gaspar, Richard Melo,
Rômulo dos Santos Paulino, Roseana Carolina Ayres Lourenço,
Samantha Kadota Oda, Sarah de Castro Ribeiro, Simone Dominici, Sofia do Amaral Osório, Stella Abreu Miranda de
Souza, Suzana Panizza Souza, Suzana Sanches Cardoso, Taize
Alves Santana, Talita Rocha da Silva, Thais Regina Modesto,
Victoria Pékny, Viviane Cristina da Silva, Viviane Cristina Tabach, Wilson de Lemos V. Cabral, Yolanda Christine
Oliveira Fernandes, Yukie Martins Matuzawa

Créditos da publicação

Edição: Editorial Bienal, Iuri Pereira, Jorge Sallum

Capa e projeto gráfico: Design Bienal

Programação em LaTeX: Bruno Oliveira

Preparação: Editorial Bienal

Revisão: Editorial Bienal, Iuri Pereira

Assistente editorial: Bruno Oliveira

Outros títulos

José Bergamín
A arte de birlibirloque / A decadência do analfabetismo

Giordano Bruno
Os vínculos

Filóstrato
Amores e outras imagens

Quignard
*Marco Cornélio Frontão — Primeiro tratado
da Retórica especulativa*

Patrocínio master

Patrocínio educativo

Audioguia   **Espaço climatizado**

Patrocínio

Parceria cultural

Parceria cultural

  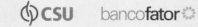

SEMP TOSHIBA

Apoio mídia   **Publicidade**

Apoio institucional

Secretaria da Educação   Secretaria da Cultura

Apoio internacional

  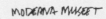

Realização

Adverte-se aos curiosos que se imprimiu esta obra em nossas
oficinas em 12 de setembro de 2012, sobre Norbrite Book Cream
66 g/m², composta em tipologia Menlo, em GNU/Linux (Gentoo, Sa-
bayon e Ubuntu), com os softwares livres LaTeX, DeTeX, VIM, Evince,
Pdftk, Aspell, SVN e TRAC.